AF226688

CHOIX

DE

CANTIQUES

A L'USAGE

DES RETRAITES & DES MISSIONS.

Sur des Airs connus.

J. M. J. T.

Y+

LILLE,

IMPRIMEUR-LIBRAIRE ET LITHOG.

1862.

CHOIX

DE

CANTIQUES

A L'USAGE

DES RETRAITES & DES MISSIONS.

———

Sur des Airs connus.

J. M. J. T.

LILLE,

HOREMANS, IMPRIMEUR-LIBRAIRE ET LITHOGRAPHE.

1862.

PRÉFACE.

Il est facile de comprendre l'utilité des cantiques spirituels. C'est un excellent moyen pour entretenir la piété et ranimer la ferveur. Les cantiques nous rappellent ce que la religion a de plus touchant dans ses mystères, de plus consolant ou de plus terrible dans les vérités qu'elle nous enseigne ; ils sont aussi l'expression des sentiments de crainte et d'amour, de respect et de confiance , dont nous devons être pénétrés envers le Seigneur. Voilà pourquoi l'Apôtre saint Paul, dans son Epître aux Ephésiens, ch. 5, v. 19, disait aux premiers fidèles : « Remplissez-vous du Saint-Esprit, vous entre- « tenant de psaumes, d'hymnes et de cantiques spiri- « tuels, chantant et psalmodiant du fond de vos cœurs « à la gloire du Seigneur. » Et dans l'Épître aux Colossiens, ch. 3, v. 16 : « Instruisez-vous et exhortez-vous « les uns les autres par des psaumes, hymnes et can- « tiques spirituels, chantant de cœur avec édification les « louanges du Seigneur. »

Ames chrétiennes, soyez dociles aux exhortations du grand Apôtre, et faites un fréquent usage des cantiques contenus dans ce petit recueil; vous y trouverez un délassement au milieu de vos travaux et un aliment solide pour votre piété.

CANTIQUES

Invocation au Saint-Esprit.

Esprit-Saint, descendez en nous,   (*bis*).
Embrasez notre cœur de vos feux les plus doux.

Sans vous notre vaine prudence
Ne peut, hélas ! que s'égarer.
Ah ! dissipez notre ignorance ;   (*bis*).
Esprit d'intelligence,
Venez nous éclairer.

Le noir enfer pour nous faire la guerre,
Se réunit au monde séducteur ;
Tout est pour nous embûches sur la terre :
Soyez, soyez notre libérateur.

Enseignez-nous la divine sagesse ;
Seule elle peut nous conduire au bonheur.
Dans ses sentiers qu'heureuse est la jeunesse !
Qu'heureuse est la vieillesse !

Invocation au Saint-Esprit.

Viens, Esprit d'amour,
Descends aujourd'hui dans mon âme
Viens, Esprit d'amour,
Viens, elle est à toi sans retour.
Mon cœur qui te réclame
Abjure ses erreurs ;

Allumes-y la flamme
Et tes saintes ardeurs. Viens, etc.

Auteur de tout don,
Dès ma jeunesse la plus tendre,
Auteur de tout don,
Tu m'appris à bénir ton nom :
Aujourd'hui, viens m'apprendre
A n'en rougir jamais,
A ne jamais me rendre
Parjure à tes bienfaits. Viens, etc.

Sans ta douce loi
Il n'est plus que bonheur frivole ;
Sans ta douce loi
Il n'est aucune paix pour moi ;
C'est elle qui console
Les vrais adorateurs
Qui, forts de ta parole,
Bravent tous les malheurs. Viens, etc.

Seigneur, je me rends,
Ta divine bonté m'enchante ;
Seigneur, je me rends,
Règne sur mon cœur et mes sens.
De ta main bienfaisante,
Viens graver, ô mon Dieu,
Dans mon âme inconstante
Tes lois en traits de feu. Viens, etc.

Importance du Salut.

Travaillez à votre salut ;
Quand on le veut il est facile.
Chrétiens, n'ayez point d'autre but ;
Sans lui, tout devient inutile.

CHŒUR.   Sans le salut, pensez-y bien,
          Tout ne vous servira de rien.

Oh ! que l'on perd en le perdant !
On perd le céleste héritage.
Au lieu d'un bonheur si charmant,
On a l'enfer pour son partage.

Que sert de gagner l'univers ,
Dit Jésus, si l'on perd son âme,
Et s'il faut, au fond des enfers,
Brûler dans l'éternelle flamme ?

Rien n'est digne d'empressement,
Si ce n'est la vie éternelle.
Tout le reste est amusement,
Tout n'est que pure bagatelle.

C'est pour toute une éternité
Qu'on est heureux ou misérable !
Que, devant cette vérité,
Tout ce qui passe est méprisable !

Grand Dieu ! que tant que nous vivrons
Cette vérité nous pénètre !
Ah ! faites que nous nous sauvions
A quel prix que ce puisse être !

Dieu et le Pécheur.

DIEU.

Reviens, pécheur, à ton Dieu qui t'appelle ;
Viens au plus tôt te ranger sous sa loi,
Tu n'as été déjà que trop rebelle ;
Reviens à lui, puisqu'il revient à toi.

LE PÉCHEUR.

Voici, Seigneur, cette brebis errante
Que vous daigniez chercher depuis longtemps ;
Touché, confus d'une si longue attente,
Sans plus tarder, je reviens, je me rends.

DIEU.

Pour t'attirer ma voix se fait entendre.
Sans me lasser, partout je te poursuis.
D'un Dieu, pour toi, du père le plus tendre,
J'ai les bontés, ingrat, et tu me fuis !

LE PÉCHEUR.

Errant, perdu, je cherchais un asile.
Je m'efforçais de vivre sans effroi,
Hélas ! Seigneur, pouvais-je être tranquille
Si loin de vous, et vous si loin de moi ?

DIEU.

Attraits, frayeurs, remords, secret langage,
Qu'ai je oublié dans mon amour constant ?
Ai-je pour toi dû faire davantage ?
Ai-je pour toi dû même en faire autant ?

LE PÉCHEUR.

Je me repens de ma faute passée.
Contre le ciel, contre vous j'ai péché !
Mais oubliez ma conduite insensée,
Et ne voyez en moi qu'un cœur touché.

Invitation à la Pénitence.

C'est trop longtemps être rebelle
A la voix d'un Dieu souverain.
Aujourd'hui ce Dieu vous appelle ;
Ah ! que ce ne soit pas en vain !

CHŒUR.

Il en est temps, pécheur,
Revenez au Seigneur.

Pour un plaisir si peu durable
Qu'on goûte dans l'iniquité,
Faut-il que ce Maître adorable
De votre cœur soit rejeté !

C'est sa bonté qui vous fit naître ;
Seul il mérite votre amour.
N'avez-vous de lui reçu l'être,
Que pour l'outrager chaque jour ?

Si vous suivez toujours du crime
Les faux et dangereux appas,
Craignez de tomber dans l'abîme
Qui se prépare sous vos pas.

Quoi donc, toujours être insensible
Au péril de l'éternité !
Peut-on rien voir de plus horrible
Que votre insensibilité ?

Que votre état est déplorable !
Ah ! cessez de vous obstiner.
Voici le moment favorable
Où Dieu cherche à vous ramener.

Contrition.

Mon Dieu, mon cœur touché
D'avoir péché
Demande grâce ;
Couronnez vos bienfaits ;
Pardonnez mes forfaits.
Je ne veux plus, Seigneur, vivre en votre disgrâce.

CHŒUR.

Pardon (mon Dieu, pardon, *bis*)
Vous êtes un Dieu bon !

Hélas, le triste cours
Des plus beaux jours
De ma jeunesse
N'est qu'un tissu d'erreurs,
De crimes, de malheurs :
Ah ! loin de vous aimer, j'allais péchant sans cesse.

Sous mes pieds les enfers
Sont entr'ouverts
Pour la vengeance :
En un instant la mort
Pourrait fixer mon sort !
J'implore mon pardon, ô Dieu plein de clémence !

Maudit de l'univers,
Chargé de fers,
Souillé de crimes,
Infortuné pécheur,
Dans un séjour d'horreur
Je me verrais plongé jusqu'au fond des abîmes !

Toujours pleurer, souffrir,
Jamais mourir !
Nulle espérance
De contempler un jour
Le fortuné séjour :
O cruel châtiment ! ô trop juste vengeance !

Je tombe à vos genoux,
Cessez vos coups,
O Dieu terrible !
Le sang de votre Fils
Vous parle avec mes cris ;
Aux prières d'un fils serez-vous insensible ?

Ah ! puisse désormais
Et pour jamais
Mon cœur fidèle
N'aimer que le Seigneur,
L'aimer avec ardeur !
Pour mériter un jour la couronne immortelle.

Pénitence.

Grâce ! Grâce ! suspends l'arrêt de tes vengeances,
Et détourne un moment tes regards irrités,
J'ai péché, mais je pleure ; oppose à mes offenses,
Oppose à leur grandeur, celle de tes bontés.

Je sais tous mes forfaits, j'en connais l'étendue ;
En tous lieux, à toute heure, ils parlent contre moi ;
Par tant d'accusateurs, mon âme confondue
Ne prétend pas contre eux disputer devant toi.

Tu m'avais par la main conduit dès ma naissance,
Sur ma faiblesse en vain, je voudrais m'excuser ;

Tu m'avais fait, Seigneur, goûter ta connaissance,
Mais hélas ! de tes dons, je n'ai fait qu'abuser.

De tant d'iniquités, la foule m'environne :
Fils ingrat, cœur perfide, en proie à mes remords...
La terreur me saisit, je frémis, je frissonne...
Pâle et les yeux éteints, je descends chez les morts.

O mon Dieu ! quoi ! ce nom je le prononce encore !
Non, non, je t'ai perdu, j'ai cessé de t'aimer.
O Juge ! qu'en tremblant, je supplie et j'adore,
Grand Dieu ! d'un nom plus doux, je n'ose te nommer.

Dans les gémissements, l'amertume et les larmes,
Je repasse des jours perdus dans les plaisirs ;
Et voilà tout le fruit de ces jours pleins de charmes,
Un souvenir affreux, la honte et les soupirs.

Coupe ! brûle ce corps, prends pitié de mon âme,
Frappe, fais-moi payer tout ce que je te dois ;
Arme-toi dans le temps du fer et de la flamme
Mais dans l'éternité, Seigneur, épargne-moi.

Sentiments et Contrition.

Mon doux Jésus, enfin voici le temps
De pardonner à nos cœurs pénitents :
Nous n'offenserons jamais plus
Votre bonté suprême,
Mon doux Jésus !

Puisqu'un pécheur vous a coûté si cher,
Faites-lui grâce, il ne veut plus pécher.
Ah ! ne perdez cette fois
La conquête admirable
De votre croix.

Enfin, mon Dieu, nous sommes à genoux,
Pour vous prier de nous pardonner tous ;
Pardonnez-nous, ô Dieu clément,
Lavez-nous de nos crimes
Dans votre sang.

Vanité des choses de la terre.

Tout n'est que vanité,
Mensonge, fragilité,
Dans ces objets divers
Qu'offre à nos regards l'univers,
Tous ces brillants dehors,
Cette pompe,
Ces biens, ces trésors,
Tout nous trompe,
Tout nous éblouit :
Mais tout nous échappe et s'enfuit.

Telles qu'on voit les fleurs,
Avec leurs vives couleurs,
Éclore, s'épanouir,
Se faner, tomber et périr :
Tel est des vains attraits
Le partage ;
Tels l'éclat, les traits
Du bel âge,
Après quelques jours,
Perdent leur beauté pour toujours.

En vain pour être heureux,
Le jeune voluptueux
Se plonge dans les douceurs
Qu'offrent les mondains séducteurs ;

Plus il suit les plaisirs
Qui l'enchantent,
Et moins ses désirs
Se contentent ;
Le bonheur le fuit,
A mesure qu'il le poursuit.

Que doivent devenir
Pour l'homme qui doit mourir,
Ces biens longtemps ramassés,
Cet argent, cet or entassés ?
Fût-il du genre humain,
Seul le maître,
Pour lui tout enfin,
Cesse d'être ;
Au jour de son deuil
Il n'a plus à lui qu'un cercueil.

J'ai vu l'impie heureux
Porter son air fastueux
Et son front audacieux
Au-dessus du cèdre orgueilleux ;
Au loin tout révérait
Sa puissance,
Et tout adorait
Sa présence :
Je passe, et soudain
Il n'est plus... je le cherche en vain.

La mort dans son courroux
Dispense à son gré ses coups,
Et l'homme ne fut jamais
A l'abri d'un seul de ses traits.
Sur son triste retour,
La vieillesse ;

Dans son plus beau jour,
La jeunesse.
L'enfance au berceau
Trouvent tour à tour leur tombeau.

Sur la Mort.

A la mort, à la mort,
Pécheur tout finira ;
Le Seigneur à la mort
   Te jugera.

Il faut mourir, il faut mourir ;
De ce monde il nous faut sortir ;
Le triste arrêt en est porté ;
Il faut qu'il soit exécuté.   A la mort, etc.

Comme une fleur qui se flétrit,
Ainsi bientôt l'homme périt ;
L'affreuse mort vient de ses jours,
Dans peu de temps finir le cours.   A la mort, etc.

Pécheùrs, approchez du cercueil,
Venez confondre votre orgueil ;
Là, tout ce qu'on estime tant,
Est enfin réduit au néant.   A la mort, etc.

Esclaves pleins de vanité,
Que deviendra votre beauté ?
Vos traits, sans forme et sans couleur,
Vous rendront un objet d'horreur.   A la mort, etc.

Vous qui suivez tous vos désirs,
Qui vous plongez dans les plaisirs,
Pour vous quel affreux changement
La mort va faire en ce moment.   A la mort, etc.

Ce moment va bientôt venir
Mais on en fuit le souvenir ;
Et l'homme, sans réflexion,
Vit ainsi dans l'illusion.   A la mort, etc

S'il fallait subir votre arrêt.
Chrétiens, qui de vous serait prêt ?
Combien dont le funeste sort
Serait une éternelle mort ?   A la mort, etc.

Le Jugement.

Dieu va déployer sa puissance ;
Le temps comme un songe s'enfuit ;
Les siècles sont passés, l'éternité commmence ;
Le monde va rentrer dans l'horreur de la nuit.
Dieu, etc.

J'entends la trompette effrayante,
Quel bruit ! quels lugubres éclairs !
Le Seigneur a lancé sa foudre étincelante,
Et ses feux dévorants embrasent l'univers.
J'entends, etc.

Sortez des tombeaux, ô poussière !
Dépouilles des pâles humains :
Le Seigneur vous appelle, il vous rend la lumière,
Il va sonder les cœurs et fixer les destins.
Sortez, etc.

Il vient .. tout est dans le silence ;
Sa croix porte au loin la terreur.
Le pécheur consterné frémit en sa présence,
Et le juste lui-même est saisi de frayeur.
Il vient, etc.

Grand Dieu, qui sera la victime
De ton implacable fureur ?
Quel noir pressentiment me tourmente et m'opprime :
La crainte et le remords me déchirent le cœur.
  Grand Dieu, etc.

De tes jugements Dieu sévère
Pourrai-je subir les rigueurs ?
J'ai péché, mais ton sang désarme ta colère ;
J'ai péché, mais mon crime est éteint par mes pleurs.
  De tes jugements, etc.

Assis sur un trône de gloire,
Il dit : Venez, ô mes élus !
Comme moi vous avez remporté la victoire :
Recevez de mes mains le prix de vos vertus.
  Assis, etc.

Tombez dans le sein des abîmes,
Tombez pécheurs audacieux !
De mon juste courroux immortelles victimes,
Vils suppôts des démons, vous brûlerez comme eux.
  Tombez, etc.

L'Enfer.

Dans cet océan de souffrances,
Comment raconter mes malheurs !
Percé par milles traits des célestes vengeances
Je souffre dans l'enfer les plus vives douleurs.
  Dans cet océan, etc.

Le plus grand de mes supplices
C'est d'être éloigné de mon Dieu,
De ne pouvoir aimer la source de délices,
Sa main me repoussant dans cet horrible lieu.
  Le plus grand, etc.

Le feu créé dans sa colère
Pénètre l'esprit et le corps ;
Ne respirant que feu, l'âme se désespère
Et les cieux courroucés rendent vains ses efforts.
Le feu, etc.

Je fus comme vous dans le monde
Esclave de mes passions ;
J'insultais à mon Dieu dans mon erreur profonde
Et l'enfer est le fruit de mes illusions.
Je fus, etc.

Mon cœur aveuglé par le crime,
Se jouait de l'éternité,
Mais, ô fatale erreur, dans un affreux abîme
Au moment du trépas je fus précipité.
Mon cœur, etc.

Venez criminels de tout âge,
Vieillards, âge mûr, jeunes gens,
Descendez dans ce lieu de fureur et de rage,
Vous entendrez des cris, des grincements de dents.
Venez, etc.

Le Purgatoire.

Au fond des brûlants abîmes,
Nous gémissons, nous pleurons,
Et pour expier nos crimes,
Loin de Dieu nous y souffrons ;
Hélas ! hélas !
Feu vengeur de tes victimes,
Les pleurs ne t'éteignent pas !
Hélas ! hélas ! etc.

A l'aspect de nos supplices
Chrétiens, attendrissez-vous :
A nos maux soyez propices,
O nos frères, sauvez-nous :
    Hélas ! hélas !
Le ciel sans vos sacrifices
Ne les abrégera pas.
    Hélas ! hélas ! etc.

De ces flammes dévorantes,
Vous pouvez nous arracher.
Hâtez-vous, âmes ferventes,
Dieu se laissera toucher.
    Hélas ! hélas !
De ces peines si cuisantes
La fin ne vient-elle pas ?
    Hélas ! hélas ! etc.

Grand Dieu, de votre justice
Désarmez le bras vengeur :
Que notre malheur finisse
Par le sang du Dieu sauveur.
    Hélas ! hélas !
Votre main libératrice
Ne s'étendra-t-elle pas ?
    Hélas ! hélas ! etc.

Le Ciel.

Beau ciel, éternelle patrie,
Vous épuisez tous mes désirs :
Le monde, ses biens, ses plaisirs
N'ont plus rien qui me fasse envie.

REFRAIN.

Dieu d'amour, Dieu d'amour,
Quand m'appellerez-vous au céleste séjour ?

O bonheur qui jamais ne lasse !
O pure et douce volupté !
Le Dieu d'éternelle beauté
Se montre aux élus face à face.
   Dieu d'amour, etc.

Grand Dieu que j'adore et que j'aime,
Tu feras donc tout mon bonheur !
Là tu rempliras tout mon cœur ;
Le ciel c'est Dieu, c'est Dieu lui-même.
   Dieu d'amour, etc

Je t'entends! grand Dieu, tu m'appelles...
Encore un moment de travaux
Et je vais goûter le repos
Et les délices éternelles.
   Dieu d'amour, etc.

O mort ! viens finir mes alarmes,
Rends mon âme à son créateur,
Ah! la vie est-elle un bonheur
Quand on y verse tant de larmes?
   Dieu d'amour, etc.

Pensée consolante du Ciel.

Le ciel en est le prix !
Que ces mots sont sublimes !
Des plus belles maximes
Voilà tout le précis :   Le ciel...

Le ciel en est le prix !
Mon âme, prends courage.
Ah! si dans l'esclavage
Ici-bas tu gémis.   Le ciel...

Le ciel en est le prix !
Amusement frivole,
De grand cœur je t'immole
Au pied du crucifix.   Le ciel...

Le ciel en est le prix !
L'Eglise le veut-elle...?
Fût-ce une bagatelle,
N'importe, j'obéis.   Le ciel...

Le ciel en est le prix !
Endurons cette injure ;
L'amour propre en murmure
Mais tout bas je lui dis :   Le ciel...

Le ciel en est le prix !
Dans l'éternel empire
Qu'il sera doux de dire :
Tous mes maux sont finis ! Le ciel...

Invitation à servir Dieu.

Armons-nous, la voix du Seigneur,
Chrétiens, au combat nous appelle,
Ah ! voyez, voyez quelle est belle
La palme promise au vainqueur !
Elle est si noble, elle est si belle
La palme promise au vainqueur !   } bis.

Tout le cours de notre existence
N'est qu'un long et rude combat ;
L'âme ferme que rien n'abat
Seule obtiendra la récompense.
  Armons-nous, etc.

Des sens la voix enchanteresse
Veut égarer notre raison ;
Leurs délices sont un poison,
Et la mort suit de près l'ivresse.
    Armons-nous, etc.

La voix du monde nous convie
A ses plaisirs, à ses honneurs ;
Sacrifions ses biens trompeurs
A ceux de l'éternelle vie.
    Armons-nous, etc.

Du démon la voix menaçante
Rugit sans cesse autour de nous ;
L'homme de foi craint peu ses coups,
Et rit de sa rage impuissante.
    Armons-nous, etc.

Que craignez-vous, Jésus vous guide ;
Rangez-vous sous son étendard ;
Que l'ennemi lance son dard ;
Vous avez l'invincible égide.
    Armons-nous, etc.

Du courage, enfants de Marie!
Du courage, jusqu'à la mort!
Du courage, si près du port!
Bientôt vous verrez la patrie.
    Armons-nous, etc.

Triomphe des Saints.

Chantons les combats et la gloire
Des Saints, nos illustres aïeux :
Ils ont remporté la victoire,
Ils sont couronnés dans les cieux.

Il n'est plus pour eux de tristesse,
Plus de soupirs, plus de douleurs ;
Ils moissonnent dans l'allégresse
Ce qu'ils ont semé dans les pleurs.

Objet des tendres complaisances
De l'Eternel, du Tout-Puissant,
Ses grandeurs sont leurs récompenses ;
Son amour est leur aliment.
Le divin Soleil de justice
Toujours échauffe, toujours luit,
Sans que jamais il s'obscurcisse ;
C'est dans le ciel un jour sans nuit.

Là, d'une splendeur éternelle
Brillent les martyrs triomphants :
Et dans une gloire immortelle
Règnent les confesseurs constants.
Les vierges offrent leurs couronnes,
Les époux leur fidélité ;
Le riche montre ses aumônes,
Et le pauvre sa piété.

Là, d'une charité parfaite,
Tous les bienheureux sont unis ;
De cette paisible retraite
Tous les envieux sont bannis.
Il n'est plus de sollicitude
Qui trouble leur félicité ;
Ils sont dans une quiétude
Qui remplira l'éternité.

Grands Saints, vous êtes nos modèles ;
Nous serons vos imitateurs :
Nous voulons vous être fidèles,
Daignez être nos protecteurs.

Puissions-nous, marchant sur vos traces,
Etre toujours à Dieu soumis !
Sollicitez pour nous ses grâces,
Puisque vous êtes ses amis.

Vous habitez votre patrie,
Et nous errons comme étrangers ;
Votre sort est digne d'envie,
Et le nôtre plein de dangers.
Vous fûtes tout ce que nous sommes,
Au mal exposés comme nous ;
Demandez au Sauveur des hommes
Qu'un jour nous régnions avec vous.

Gloria in excelsis Deo !

Les Anges dans nos campagnes
Ont entonné l'hymne des cieux ;
Et l'écho de nos montagnes
Redit ce chant mélodieux :

Gloria in excelsis Deo ! (*bis*).

Bergers pour qui cette fête ?
Quel est l'objet de tous ces chants ?
Quel vainqueur ? Quelle conquête ?
Mérite ces cris triomphants :
Gloria, etc.

Ils annoncent la naissance
Du Libérateur d'Israël ;
Et pleins de reconnaissance,
Chantent, en ce jour solennel :
Gloria, etc.

Cherchons tous l'heureux village
Qui l'a vu naître sous ses toits ;
Offrons-lui le tendre hommage,
Et de nos cœurs et de nos voix :
   Gloria, etc.

Dans l'humilité profonde,
Où vous paraissez à nos yeux ;
Pour vous louer, roi du monde,
Nous redirons ce chant joyeux :
   Gloria, etc.

Toujours remplis du mystère
Qu'opère aujourd'hui votre amour ,
Notre devoir sur la terre
Sera de chanter, chaque jour :
   Gloria, etc.

Déjà les bienheureux Anges,
Les Chérubins, les Séraphins ;
Occupés de vos louanges,
Ont appris à dire aux humains :
   Gloria, etc.

Dociles à leur exemple,
Seigneur, nous viendrons désormais,
Au milieu de votre temple,
Chanter avec eux vos bienfaits :
   Gloria, etc.

Saint nom de Jésus.

Vive Jésus !
C'est le cri de mon âme ;
Vive Jésus, le maître des vertus !
Aimable nom, quand ma voix te proclame,
D'un nouveau feu pour toi mon cœur s'enflamme ;
   Vive Jésus !   *(bis)*.

Vive Jésus !
C'est le cri qui rallie
Sous ses drapeaux le peuple des élus.
Suivre Jésus, c'est aussi mon envie ;
Suivre Jésus, c'est mon bien, c'est ma vie ;
Vive Jésus !   *(bis)*.

Vive Jésus !
C'est un cri d'espérance,
Pour les pécheurs repentants et confus ;
Sur eux du Ciel attirant la clémence,
Ce nom sacré soutient leur pénitence :
Vive Jésus !   *(bis)*.

Vive Jésus !
A ce cri de vaillance,
Je verrai fuir les démons éperdus ;
Ce mot suffit pour dompter leur puissance,
Pour terrasser leur superbe insolence :
Vive Jésus !   *(bis)*.

Vive Jésus !
Cri de reconnaissance
D'un cœur touché des biens qu'il a reçus.
L'enfer veut-il troubler sa confiance ?
Il dit encore avec plus d'assurance :
Vive Jésus !   *(bis)*.

Vive Jésus !
C'est mon cri d'allégresse,
O Dieu caché sous un pain qui n'est plus!
Quand, aux douceurs d'une céleste ivresse,
Je reconnais l'objet de ma tendresse :
Vive Jésus!   *(bis)*.

Vive Jésus !
C'est le cri de victoire

Des bienheuheux que le ciel à reçus ;
De leurs combats consacrant la mémoire,
Ce nom puissant éternise leur gloire :
       Vive Jésus !   (bis).

       Vive Jésus !
    Vive sa tendre Mère !
Elle est aussi la Mère des élus.
Si nous l'aimons, si nous voulons lui plaire,
Chantons Jésus, notre Dieu, notre frère :
       Vive Jésus !   (bis).

Ah! pleurez, pleurez mes yeux.

Jésus est la bonté même,
Il a pour nous mille attraits,
Cependant aucun ne l'aime,
Même y pense-t-on jamais ?
Pendant que la créature
Nous embrase de ses feux,
Pour Dieu seul notre âme est dure.
Ah ! pleurez, pleurez mes yeux.

Dieu devint un Dieu sensible
Afin de mieux nous charmer ;
Mais en se rendant visible
A-t-il pu se faire aimer ?
Lorsqu'un tendre amour le presse
De prévenir tous nos vœux ;
Quel retour ? nulle tendresse.
Ah! pleurez, pleurez mes yeux.

D'un enfant il prend les charmes
Pour attendrir les humains ;
Pour cela de douces larmes
Coulent de ses yeux divins.

Notre âme est-elle attendrie
Par ses efforts amoureux ?
Elle est toujours endurcie.
Ah ! pleurez, pleurez mes yeux.

De la divine justice
Jésus porte tout le poids,
Il nous sauve du supplice
En mourant sur une croix.
Et pour tant de bienveillance,
Avons-nous, ô malheureux,
La moindre reconnaissance ?
Ah ! pleurez, pleurez mes yeux.

Jésus dans l'Eucharistie,
Par un prodige d'amour,
Devient notre pain de vie,
Notre pain de chaque jour.
Au milieu de tant de flammes,
Dans ce mystère amoureux,
Que de froideurs dans nos âmes ?
Ah ! pleurez, pleurez mes yeux.

Il daigne en vain de ce trône
Nuit et jour nous inviter ;
Jamais y voit-on personne
Qui vienne le visiter ?
Sa maison est délaissée.
Son entretien ennuyeux,
Et sa table méprisée.
Ah ! pleurez, pleurez mes yeux.

Mon Jésus n'a point d'asile
Contre les coups des mortels ;
C'est un rempart inutile
Que son trône et ses autels.

Chaque jour rempli de rage,
Le pécheur audacieux
Au lieu saint lui fait outrage.
Ah ! pleurez, pleurez mes yeux.

Une croix pour lui cruelle
C'est un corps dans le péché :
A cette chair criminelle
Qu'on l'a souvent attaché !
Tout est souillé par les vices
Que je découvre en tous lieux,
Pour Jésus que de supplices !
Ah ! pleurez, pleurez mes yeux.

Triomphe de la Croix.

Vive Jésus, vive sa Croix !
N'est-il pas bien juste qu'on l'aime,
Puisqu'en expirant sur ce bois,
Il nous aima plus que lui-même ?

Chrétiens, chantons à haute voix :
Vive Jésus, vive sa Croix !

Vive Jésus, vive sa Croix !
Le Seigneur l'ayant épousée,
Elle n'est plus comme autrefois,
Un objet d'horreur, de risée.   Chrétiens, etc.

Vive Jésus, vive sa Croix !
Arbre dont le fruit salutaire
Répare le mal qu'autrefois
Fit le péché du premier père.   Chrétiens, etc.

Vive Jésus, vive sa Croix !
C'est l'étendard de la victoire :

Par elle il nous donna ses lois ;
Par elle il entra dans la gloire.   Chrétiens, etc.

Vive Jésus, vive sa Croix !
De tous nos biens source féconde,
Qui, dans le sang du roi des rois,
A lavé les péchés du monde.   Chrétiens, etc.

Vive Jésus, vive sa Croix !
La chaire de son éloquence,
Où, me prêchant ce que je crois,
Il m'apprend tout par son silence. Chrétiens, etc.

Vive Jésus, vive sa Croix !
Prenons-la pour notre partage ;
Ce juste, cet aimable choix,
Conduit au céleste héritage.   Chrétiens, etc.

En l'honneur de la Croix.

Arborons l'étendard de gloire ;
Qu'il triomphe et brille à nos yeux !
La Croix nous promet la victoire,
Redisons ce refrain joyeux :

Que la Croix nous rallie,
C'est l'honneur du chrétien, c'est sa force et sa vie.

Vive la Croix, notre espérance,
Vive la Croix du Dieu Sauveur !
Rien ne résiste à sa puissance ;
La Croix nous conduit au bonheur.

C'est la Croix qui sauva le monde,
Dissipant la nuit des erreurs ;
Aux remords une paix profonde
Vint succéder dans tous les cœurs.

C'est un soleil qui vivifie
Nos campagnes par ses rayons ;
C'est par la Croix que fructifie
Le grain de blé dans nos sillons.

Du bon Pasteur c'est la houlette
Qui guide et sauve le troupeau ;
L'ombre de la Croix se projette
Sur la ville et sur le hameau.

Qu'elle répande sur la terre
Les biens de la fertilité ;
Qu'elle ouvre à notre humble prière
Les Trésors de l'éternité.

Jésus paraît en Vainqueur.

Jésus paraît en vainqueur ;
Sa bonté, sa douceur
Est égale à sa grandeur ;
Jésus paraît en vainqueur,
Aujourd'hui donnons lui notre cœur.
Malgré nos forfaits,
Ses divins bienfaits,
Ses charmants attraits
Ne nous ne parlent que de paix ;
Pleurons nos forfaits,
Chantons ses bienfaits,
Rendons nous à ses charmants attraits.

Que tout éclate en concerts !
Jésus brise les fers
De la mort et des enfers ;
Que tout éclate en concerts !
Que son nom réjouisse les airs !
Juste ciel ! quel choix !
Quoi le roi des rois,
A dû, par sa Croix,

Au Ciel acquérir des droits ;
Embrassons la Croix,
Que ce libre choix,
Au Ciel assure à jamais nos droits.

O mort, où sont-ils tes dards ?
Je vois de toutes parts,
Tomber tes noirs étendards ;
O mort, où sont-ils tes dards ?
Mon Sauveur a détruit tes remparts.
En vain de ton bras
Tu le saisiras ;
En vain dans tes lacs
O mort, tu l'entraveras ;
Libre, en tes états,
Il porte ses pas,
Et vainqueur enchaîne le trépas.

Je vois la mort sans effroi ;
Mon Seigneur et mon Roi
En a triomphé pour moi ;
Je vois la mort sans effroi,
Ce mystère est l'appui de ma foi.
Ah ! si son amour
N'a, jusqu'à ce jour,
Trouvé nul retour,
Dans ce terrestre séjour :
Du moins, en ce jour,
Cet excès d'amour
Sera payé d'un juste retour.

Ascension.

Quel spectacle s'offre à ma vue !
Un Dieu s'élève dans les airs ;
Des Anges entourent la nue
Qui le dérobe à l'univers.

CHŒUR.

Unissons-nous au chœur des Anges,
Aux Saints de l'immortel séjour ;
Chantons, à l'envi, les louanges
Du Dieu qui triomphe en ce jour.

Tout s'empresse sur son passage,
Il trace un rayon lumineux ;
Porté sur un léger nuage,
Il monte aujourd'hui vers les cieux.

Il va jouir de sa victoire,
Et du fruit de ses longs combats ;
Assis sur un trône de gloire,
Il m'invite à suivre ses pas.

Le Ciel sera mon héritage,
Je partagerai son bonheur ;
Et son triomphe est l'heureux gage,
De ma gloire et de ma grandeur.

Mais avant de quitter la terre,
Et d'entrer au Ciel en vainqueur,
Il a parcouru la carrière
Des travaux et de la douleur.

C'est par la Croix que la couronne
Brille sur son front radieux ;
C'est à ce prix que Dieu la donne,
Et qu'on triomphe dans les cieux.

Les Sept Dons du Saint-Esprit.

SAGESSE.

Du bonheur on parle sans cesse,
Mais où se trouvent les heureux ?
Les hommes prêchent la sagesse,
Mais la sagesse fuit loin d'eux.
Sûr du bonheur, quand on est sage,
Je veux aussi le devenir ;
Avoir la sagesse en partage
C'est aimer Dieu, c'est le servir.

SCIENCE.

Connaître Dieu, se bien connaître,
Voilà tout ce qu'il faut savoir ;
De ses penchants on devient maître,
On est esclave du devoir ;
Ayons tous cette connaissance,
Elle est pour nous le plus grand bien ;
Quand on n'a pas cette science,
En sachant tout on ne sait rien.

INTELLIGENCE.

Don précieux d'intelligence,
Accompagnez toujours ma foi ;
Je n'ai besoin d'autre science
Que de bien comprendre la loi.
Cette loi si pure et si sainte,
Mille fois heureux qui la suit !
O loi ! que dans mon cœur empreinte
Je te médite jour et nuit !

CONSEIL.

Esprit saint j'ignore la route
Qu'il faut suivre pour me sauver ;
Souvent je balance et je doute,
Je marche et ne puis arriver.
Sans cesse l'ennemi m'assiège,
La crainte agite mon sommeil ;
De tous côtés ce n'est que piége,
Esprit-Saint soyez mon conseil.

PIÉTÉ.

O piété ! quels sont tes charmes !
Tu remplis seule nos désirs ;
Par toi nous sont douces nos larmes
Et nos devoirs font nos plaisirs.
C'est par ton pouvoir ineffable
Que la vertu nous sait charmer ;
Puisque tu nous rends tout aimable,
Comment peut-on ne pas t'aimer ?

FORCE.

Divin Esprit, Esprit de force,
Je ne veux d'autre appui que toi ;
Qu'il règne un éternel divorce
Entre tes ennemis et moi !
Des monstres cherchent à m'abattre,
Je veux par toi les étouffer ;
Le monde vient pour me combattre,
Par toi je veux en triompher.

CRAINTE DE DIEU.

Seigneur, votre volonté sainte
Est souvent pour nous sans appas ;

Juste, vous inspirez la crainte
Et souvent on ne vous craint pas.
On craint le monde, on est à plaindre :
Que peut-il pour ou contre nous ?
Grand Dieu, que j'apprenne à vous craindre,
A ne craindre même que vous.

Cantique après la Confirmation.

Quelle nouvelle et sainte ardeur
En ce jour transporte mon âme ?
Je sens que l'Esprit créateur
De son feu tout divin m'enflamme.

CHŒUR.

Vive Jésus, je crois, je suis chrétien ;
Censeurs, je vous méprise,
Lancez, lancez vos traits, je ne crains rien !
Mon bras vainqueur les brise.

Il faut dans un noble combat,
Pour vous, Seigneur, que je m'engage ;
Vous m'avez fait votre soldat,
Vous m'en donnerez le courage.

Du salut le signe sacré,
Arme mon front pour ma défense,
Devant lui l'enfer conjuré
Perdra sa funeste puissance.

Le mépris d'un monde insensé
Pourrait-il m'alarmer encore ?
Loin de m'en trouver offensé
Je sens aujourd'hui qu'il m'honore.

Dans sa fureur, l'impiété
Veut me ravir le Dieu que j'aime,
Je veux, fort de la vérité,
Lui dire toujours anathème.

Chrétiens ranimons notre ardeur,
Contemplons la palme immortelle !
Le ciel la promet au vainqueur,
Combattons et mourons pour elle.

Le respect humain.

Bravons les enfers,
Brisons tous nos fers,
Sortons de l'esclavage :
Unissons nos voix,
Rendons à la Croix
Un sincère et public hommage.

Jurons haine au respect humain,
Brisons cette idole fragile ;
Sur ses débris que notre main
Elève un trône à l'Evangile !

Chrétiens, d'une vaine terreur
Serons-nous toujours la victime ?
Qu'il soit banni de notre cœur,
Le cruel tyran qui l'opprime.

Sous le joug d'un monde censeur
Nous gémissons dès notre enfance ;
Recouvrons, vengeons notre honneur,
Proclamons notre indépendance.

Partout flottent les étendards
Qu'arbore à nos yeux la licence ;
Faisons briller à ses regards
La bannière de l'innocence.

Tout chrétien doit être un soldat
Rempli d'ardeur, né pour la gloire ;
Quand son chef le mène au combat,
Tremblant, il fuirait la victoire !

D'hommes contre vous impuissants
Vous redoutez les vains murmures ;
Que feriez-vous si des tyrans
Il fallait subir les tortures ?

Seigneur, ton camp sera le mien.
Tant qu'il coulera dans mes veines
Quelques gouttes de sang chrétien,
Monde, tes menaces sont vaines.

La Prière.

Prions avec ferveur
D'un cœur humble et sincère,
Que l'ardente prière
Monte jusqu'au Seigneur :
Prions avec ferveur.   (*bis*).

Devoir délicieux !
Par toi notre âme implore,
Croit, espère, aime, adore,
S'élève jusqu'aux cieux ;
Devoir délicieux !

Que ton pouvoir est grand !
O prière propice,
Tu fléchis la justice
Du Seigneur tout-puissant ;
Que ton pouvoir est grand !

Aux pieds de son Sauveur,
Qu'une âme pénitente
Est heureuse et contente
De répandre son cœur
Aux pieds de son Sauveur.

De l'éternel bonheur
La source est la prière :
A son feu salutaire
S'enflamme notre cœur
Pour l'éteternel bonheur.

Même au sein des malheurs,
En Dieu seul si j'espère,
Il me comble en bon père
D'ineffables douceurs,
Même au sein des malheurs.

Pour vous prier, Seigneur,
Que faut-il que je fasse ?
J'ai besoin de la grâce :
Donnez-moi la ferveur
Pour vous prier, Seigneur.

Soupirs avant la Communion.

Tu vas remplir le vœu de ma tendresse
Divin Jésus, tu vas me rendre heureux :
O saint Amour, délicieuse ivresse,
Dans ce moment mon âme est toute en feux.

Princes ornés du riche diadème,
Je me rirai de votre faux bonheur ;
Voici Jésus, voici le Dieu que j'aime !
Lui seul, lui seul régnera sur mon cœur.

Ne tarde plus, doux Sauveur, tendre Père,
Viens de mon cœur combler l'ardent souhait :
Rien sans Jésus ne peut me satisfaire :
Tout autre objet est pour lui sans attrait.

Divin Jésus, tu descends dans mon âme
C'est aujourd'hui le plus beau de mes jours.
Que tout en moi se ranime et s'enflamme :
Dieu de mon cœur, je veux t'aimer toujours.

Il est à moi ce Dieu si plein de charmes,
Mon bien-aimé, mon aimable-Sauveur :
Echappez-vous de mes yeux douces larmes ;
Coulez, coulez, annoncez mon bonheur.

Que ce bonheur est grand, incomparable !
Du saint amour, je goûte les douceurs ;
De ce beau feu, si pur, si désirable,
Ah ! qu'à jamais, je sente les ardeurs.

Actes avant la Communion.

CHŒUR.

Le voici l'agneau si doux,
Le vrai pain des Anges !
Du ciel il descend pour nous,
Adorons-le tous !

C'est un tendre Père,
C'est le bon Pasteur,
Un ami sincère ;
C'est notre Sauveur.

Dans ce saint mystère,
Objet de ma foi,
Je crois, je révère,
Mon maître et mon roi.

De ta vive flamme,
Feu du saint amour,
Consume mon âme
En cet heureux jour.

Mais de ma misère,
Dieu de sainteté,
Que l'aveu sincère
Touche ta bonté.

Epoux de mon âme
Entends mes soupirs ;
Mon cœur te réclame,
Remplis mes désirs.

Le voici... silence,
Oh ! quelle faveur !
Mon Jésus s'avance,
Il est dans mon cœur.

Aspirations au Saint-Sacrement de l'Autel.

Sainte Eucharistie,
O vrai pain de vie !
Salutaire hostie,
Aimable Jésus !

CHŒUR.

Amour, amour, amour à Jésus ! (*bis*)

O divine table,
Festin ineffable,
Manne délectable,
Bien-aimé Jésus !

Consumante flamme,
Mon cœur vous réclame,
Embrasez mon âme,
O Cœur de Jésus !

Bonheur et sagesse,
Amour et tendresse,
Paix et douce ivresse,
J'ai tout en Jésus.

Jésus adorable,
Jésus admirable,
Jésus tout aimable,
Ravissant Jésus !

Votre amour me presse.
Je goûte sans cesse
Une aimable ivresse
Près de vous, Jésus !

Jésus est la vie,
Après lui, Marie,
A leurs cœurs unie,
L'âme est à Jésus.

Marie est ma mère,
Par elle j'espère

Que dès cette terre
J'aimerai Jésus.

Mais dans la patrie,
Après cette vie,
Mon âme ravie
Verra son Jésus

Après la Communion.

Je l'ai trouvé le seul objet que j'aime,
Je l'ai trouvé, je ne le quitte plus,
Je le possède au milieu de moi-même,
Oui, je le tiens, mon cœur dit : c'est Jésus !

Oui, c'est Jésus, le trésor de la terre,
Oui, c'est Jésus, la richesse des cieux :
C'est notre Dieu, notre ami, notre père,
Dont la splendeur ravit les bienheureux.

O doux Jésus, ô source souveraine
Des biens parfaits, des célestes faveurs ;
Ah ! liez-moi d'une puissante chaîne,
Éternisez l'union de nos cœurs.

Oui, je le sens, Jésus est dans mon âme,
Par sa présence, il réjouit mon cœur ;
Il me console, il m'instruit, il m'enflamme,
Me fait goûter déjà le vrai bonheur.

Pour m'assurer cette joie ineffable,
Je n'aimerai que Jésus, mon Sauveur ;
Je ne verrai hors de lui rien d'aimable,
Il aura seul mon esprit et mon cœur.

Avantages de la ferveur.

Goûtez, âmes ferventes,
Goûtez votre bonheur,
Mais demeurez constantes
Dans votre sainte ardeur.

CHŒUR.

Heureux le cœur fidèle
Où règne la ferveur !
Il possède avec elle
Tous les dons du Seigneur.

Elle est le vrai partage
Et le sceau des élus ;
Elle est l'appui, le gage
Et l'âme des vertus.   Heureux, etc.

Par elle la foi vive
S'allume dans les cœurs,
Et sa lumière active
Guide et règle nos mœurs.   Heureux, etc.

Par elle l'espérance
Ranime nos soupirs
Et croit jouir d'avance
Des célestes plaisirs.   Heureux, etc.

Par elle dans les âmes,
S'accroît de jour en jour
L'activité des flammes
Du pur et saint amour.   Heureux, etc.

C'est sa vertu puissante
Qui garantit nos sens,
De l'amorce attrayante
De plaisirs séduisants.　　　　Heureux, etc.

C'est sous sa vigilance
Que l'esprit et le cœur
Gardent leur innocence
Et souvent leur pudeur.　　　　Heureux, etc.

Amende honorable.

Au pied des saints autels, pleurons amèrement ;
Adorons Jésus-Christ, au divin Sacrement ;
On l'oublie, ô douleur ! on l'insulte, on l'outrage !
Vous du moins qui l'aimez, venez lui rendre hommage.

Quelle froideur pour vous, ô Dieu de l'univers !
Trop souvent, ô Jésus, vos temples sont déserts :
D'adorateurs zélés, à peine un petit nombre,
Des beaux jours de la foi, nous retracent quelque ombre.

Pourquoi donc parmi nous fixer votre séjour ?
Pourquoi ne nous donner que des marques d'amour ;
Dans ces asiles saints, où mille irrévérences,
Devraient faire éclater vos trop justes vengeances.

Ah ! je suis outragé par mes propres amis,
Je les vois se ranger parmi mes ennemis.
Ainsi se plaint Jésus, à vous, âmes fidèles,
Réparez en ce jour ces injures cruelles.

Seigneur ayez pitié de ces pauvres pécheurs,
Et déchargez sur nous les coups de vos fureurs ;
Pardon, cœur de Jésus, cœur tendre, cœur aimable,
Ah ! ne rejetez pas notre amende honorable.

Les Promesses du Baptême.

J'engageai ma promesse au baptême ;
Mais pour moi d'autres firent serment.
Dans ce jour, je veux parler moi-même ;
Je m'engage aujourd'hui librement.

Je crois en un seul Dieu trois personnes ;
De mon sang je signerai ma foi.
Faible esprit, vainement tu raisonnes :
Je m'engage à le croire, et le crois.

A la foi de ce premier mystère,
Je joindrai la foi d'un Dieu Sauveur ;
Sous les lois de l'église, ma mère,
Je m'engage et d'esprit et de cœur.

Sur les fonts, dans une eau salutaire,
Pour enfant, Dieu daigna m'adopter ;
Si j'en ai souillé le caractère,
Je m'engage à le mieux respecter.

Je renonce aux pompes de ce monde,
A la chair, à ses honteux attraits :
Loin de moi, Satan, esprit immonde !
Je m'engage à te fuir pour jamais.

Oui, mon Dieu, votre saint Evangile,
Réglera mon esprit et mes mœurs :
Dussiez-vous en frémir, chair fragile,
Je m'engage à toutes ses rigueurs.

Ah ! Seigneur, qui sait bien vous connaître,
Sent bientôt que votre joug est doux :
C'en est fait, je n'ai point d'autre maître ;
Je m'engage à ne servir que vous.

Serment à Marie.

J'entends le monde qui m'appelle,
Mais il m'offre en vain sa faveur.
O Marie, ô reine immortelle,
Je viens me jeter dans ton cœur ;
Sous tes drapeaux, toujours fidèle,
Je trouverai le vrai bonheur.

CHŒUR.

Reine des Cieux, Mère auguste et chérie,
Oui, pour toujours nous sommes tes enfants ;
Nous le jurons, à tes pieds, ô Marie,
Plutôt mourir que trahir nos serments.

Laissons au méchant son ivresse,
Ah ! n'envions pas son bonheur.
Sa folle et bruyante allégresse,
N'est toujours qu'un masque trompeur.
Quand le remords suit la tristesse,
Alors il déchire le cœur.   Reine, etc.

De fleurs il couronne sa tête,
Et sous ses pas naît le plaisir.
Sa vie est un long jour de fête,
Mais qu'il se hâte d'en jouir ;
La pâle mort déjà s'apprête,
Et je vois l'enfer s'entr'ouvrir.   Reine, etc.

Vierge sainte, Rose vermeille.

Vierge sainte, Rose vermeille,
Toi dont nous aimons les autels,
Du haut des cieux, prête l'oreille,
A nos cantiques solennels.
Tu sais que nous voulons te plaire,
T'aimer, te bénir tous les jours ;
Vierge, montre-toi notre mère,
      Toujours !

Celui qu'écrasa ta puissance,
Veille à la porte de nos cœurs,
Et pour nous ravir l'innocence,
Sous nos pas, il sème des fleurs.
Nous pourrions, ingrats, te déplaire,
Toi qui nous combles de bienfaits ;
Nous, t'oublier, auguste mère ?
      Jamais !

Du mondain, si l'indifférence,
D'amertume abreuve ton cœur,
Lors même que dans ta clémence,
Tu tends les bras à son malheur :
Nous, du moins, nous voulons te plaire,
T'aimer, te bénir tous les jours ;
Vierge, montre-toi notre mère,
      Toujours !

Malheur à l'aveugle coupable,
Qui trahirait l'heureux serment,
Qu'il te fit, reine toute aimable,
De te servir fidèlement !

Plutôt mourir que te déplaire,
Toi qui nous combles de bienfaits ;
Nous, t'oublier, auguste mère ?
Jamais !

Immaculée Conception.

Salut, ô vierge immaculée,
Brillante étoile du matin !
Que l'âme ici-bas exilée
N'a jamais invoquée en vain.
De tes enfants exauce les prières,
Du haut du ciel daigne les protéger.
Mère bénie entre toutes les mères,
Sois-nous propice à l'heure du danger. } *bis.*

Heureux l'enfant qui se confie
En tes maternelles bontés !
Il ne craint ni l'onde en furie,
Ni l'effort des vents irrités.
Autour de lui des barques étrangères,
Il voit au loin les débris surnager.
Mère bénie entre toutes les mères,
Sois-nous propice à l'heure du danger. } *bis.*

Conduis au port notre nacelle,
Malgré les vents, malgré les flots :
Préserves la vierge fidèle
De l'écueil caché sous les eaux.
Sans ton secours, sans tes soins tutélaires,
La vague, hélas ! viendra la submerger.
Mère bénie entre toutes les mères,
Sois-nous propice à l'heure du danger. } *bis.*

Veille sur nous, tendre Marie,
Surtout à l'heure du trépas ;
Fais qu'en la céleste patrie
Ton fils nous reçoive en ses bras.
Quand précédé d'éclairs et de tonnerres,
Avec rigueur il viendra nous juger,
Mère bénie entre toutes les mères,
Sois-nous propice en ce pressant danger. } *bis.*

Hymne à Marie.

Unis aux concerts des anges,
Aimable Reine des cieux,
Nous célébrons tes louanges
Par nos chants mélodieux.

De Marie,
Qu'on publie
Et la gloire et les grandeurs ;
Qu'on l'honore,
Qu'on l'implore,
Qu'elle règne sur nos cœurs.

Auprès d'elle la nature
Est sans grâce et sans beauté ;
Les cieux perdent leur parure,
L'astre du jour sa clarté.

C'est le lis de la vallée,
Dont le parfum précieux,
Sur la terre désolée
Attira le roi des cieux.

C'est la Vierge incomparable,
Gloire et salut d'Israël,
Qui pour un monde coupable
Fléchit le courroux du Ciel.

Pour tout dire, c'est Marie :
Dans ce nom **que** de douceur !
Nom d'une mère chérie,
Nom, doux espoir du pécheur.

Oui, je veux, ô tendre mère !
Jusqu'à mon dernier soupir,
T'aimer, te servir, te plaire,
Et pour toi vivre et mourir.

Le nom de Marie.

CHŒUR.

C'est le nom de Marie
Qu'on célèbre en ce jour,
Ô Famille chérie
Chantez ce nom d'amour.

C'est le nom d'une mère,
Chantez heureux enfants ;
Unissez pour lui plaire
Et vos cœurs et vos chants,

C'est un nom de puissance,
Un nom plein de douceur ;
Mais toujours sa clémence
Surpasse sa grandeur.

C'est un nom de victoire,
Il dompte les enfers :
Il nous donne la gloire
De briser tous nos fers.

C'est un nom d'espérance
Au pécheur repentant,
Un gage d'innocence
Au cœur juste et fervent.

Il n'est rien de plus tendre,
Il n'est rien de plus fort ;
Le ciel aime à l'entendre,
Pour l'enfer, c'est la mort.

Que le nom de ma mère,
Au dernier de mes jours,
Soit toute ma prière,
Qu'il soit tout mon secours

En l'honneur de saint Joseph.

Remplis d'une sainte allégresse,
De Marie, exaltons l'époux,
Et puisqu'il partage pour nous,
Son amour, sa vive tendresse,
Que dans nos cœurs reconnaissants,
Son nom s'unisse au nom d'une mère chérie.
Oui, les vrais enfants de Marie,
Joseph, sont aussi tes enfants.

De sa mère à ta vigilance,
Dieu même confia l'honneur,
Et je vois briller sur ton cœur
Le lys, emblème d'innocence ;

C'est la fleur de nos jeunes ans,
Fait que jamais, en nous, elle ne soit flétrie ;
Souviens-toi, qu'enfants de Marie,
Nous sommes aussi tes enfants.

O fidèle dépositaire,
Du trésor le plus précieux,
Toi qui sauvas le roi des cieux,
Des fureurs d'un roi de la terre,
Entends nos cris et nous défends,
Des traits envenimés de l'enfer en furie ;
Souviens-toi, qu'enfants de Marie,
Nous sommes aussi tes enfants,

Et puisqu'en ta main paternelle,
Le Très-Haut mit l'enfant Jésus,
Céleste froment des élus,
Gage de la vie éternelle,
Exauce nos désirs ardents :
Que de ce pain sacré, notre âme soit nourrie !
Souviens-toi, qu'enfants de Marie,
Nous sommes aussi tes enfants.

Et quand l'heure sera venue,
Où Dieu brisera nos liens,
Accours à notre aide et soutient
Notre âme tremblante, éperdue :
Guide alors ses pas chancelants
Vers l'éternel séjour, vers la sainte patrie ;
Souviens-toi, qu'enfants de Marie,
Nous sommes aussi tes enfants.

A la divine Providence.

J'adore en tout la Providence,
Dieu soit béni ! Dieu soit béni !

Toujours, en toute circonstance,
Je m'écrîrai : Dieu soit béni !
Pour nous, l'éternelle sagesse,
A tout réglé : Dieu soit béni !
A m'y soumettre, je m'empresse,
Dieu soit béni ! Dieu soit béni !

Aux premiers rayons de lumière,
J'aime à chanter : Dieu soit béni !
Le soir en fermant ma paupière,
Je chante encore : Dieu soit béni !
En quelque lieu qu'on me conduise,
Dieu soit béni ! Dieu soit béni !
Je trouve tout dans ma devise,
Dieu soit béni ! Dieu soit béni !

Que le mépris soit mon partage,
Dieu soit béni ! Dieu soit béni !
Que l'on m'insulte et l'on m'outrage,
Dieu soit béni ! Dieu soit béni !
De mon amitié qu'on abuse,
Dieu soit béni ! Dieu soit béni !
Je ne veux, pour moi, d'autre ruse,
Que mon refrain : Dieu soit béni !

Si je languis dans l'indigence,
Dieu soit béni ! Dieu soit béni !
Mon seul espoir, ô Providence,
Est dans ton sein : Dieu soit béni !
Du sol natal, que l'on m'exile,
Dieu soit béni ! Dieu soit béni !
Si je me trouve sans asile,
Dieu soit béni ! Dieu soit béni !

Victime de la calomnie,
Dieu soit béni ! Dieu soit béni !

Qu'on cherche à me ravir la vie,
Dieu soit béni ! Dieu soit béni !
Si je perds des amis sincères,
Ou des parents : Dieu soit béni !
Pour moi, le plus tendre des pères,
Est le Seigneur : Dieu soit béni !

En tout temps, pourquoi sur la terre,
Ne pas dire : Dieu soit béni ?
Toujours, Dieu, comme un tendre père,
Veille sur nous : Dieu soit béni !
Si lui-même ne le décrète,
Ce Dieu, d'un amour infini,
Un seul cheveu de notre tête
Ne tombe pas : Dieu soit béni !

Dans sa douloureuse agonie,
Le Sauveur dit : Dieu soit béni !
Par amour il se sacrifie,
En s'écriant : Dieu soit béni !
Il accepte l'amer calice,
Et son cœur dit : Dieu soit béni !
Que sa volonté s'accomplisse,
Dieu soit béni ! Dieu soit béni !

Cri de Reconnaissance.

Bénissons à jamais
Le Seigneur dans ses bienfaits !

Bénissez-le, saints Anges ;
Louez sa majesté ;
Rendez à sa bonté
Mille et mille louanges.

Oh ! que c'est un bon père !
Qu'il a grand soin de nous !
Il nous supporte tous,
Malgré notre misère.

Comme un pasteur fidèle,
Sans craindre le travail,
Il ramène au bercail
Une brebis rebelle.

Il a guéri mon âme,
Comme un bon médecin ;
Comme un maître divin,
Il m'éclaire, il m'enflamme.

Il me comble à toute heure
De grâce et de faveur :
Dans le fond de mon cœur
Il a pris sa demeure.

Dieu seul est ma tendresse,
Dieu seul est mon soutien ;
Dieu seul est tout mon bien,
Je redirai sans cesse :

Bénissons à jamais,
Le Seigneur dans ses bienfaits !

A saint Vincent de Paul.

Quel est l'illustre saint, dont le nom populaire
Fait palpiter d'amour tous les cœurs généreux ?
C'est saint Vincent de Paul, dont aujourd'hui la terre
Célèbre avec transport la gloire dans les cieux.

Amour, amour, honneur et gloire
Au bienfaiteur des malheureux !
Pour fêter sa douce mémoire
Offrons-lui nos chants et nos vœux.

Pauvres, tressaillez tous ! Jésus le divin maître,
Touché de votre sort, vous donne dans Vincent
Un ami généreux, un cœur tendre de prêtre,
Qui saura vous montrer le plus beau dévouement.

Bénissez le Seigneur ! Il vous choisit pour père,
Un jeune enfant, issu d'ancêtres indigents ;
Afin qu'ayant connu de près votre misère,
Il compâtisse mieux à vos divers tourments.

Orphelins délaissés par vos barbares mères,
Qui voulaient vous jeter de la vie à la mort ;
Versez, pauvres enfants, des larmes moins amères,
Vincent soulagera votre si triste sort.

Malades sans abri, sans secours, sans familles,
Ne pleurez plus autant votre cruel malheur ;
Vincent vous donnera des palais pour asiles,
Et pour panser vos maux des anges de douceur.

Infortunés vieillards, rouvrez à l'espérance,
Vos cœurs depuis longtemps rongés par les chagrins ;
Vous verrez désormais la bonne providence,
Pourvoir par saint Vincent à vos divers besoins.

SOUVENIRS DE LA MISSION.

Lisez et Méditez !

Il y a un Dieu créateur de tout ce qui existe.

Il m'a créé pour le connaître, l'aimer et le servir, c'est-à-dire pour observer toutes les lois de sa religion sainte.

Si je suis fidèle à cette fin de ma création, un bonheur éternel m'est réservé dans le ciel.

Si je n'y suis pas fidèle, un malheur éternel m'attend dans l'enfer.

Il y a donc une Eternité de bonheur ou de malheur après cette vie si courte !

Ai-je bien compris cette Eternité !!!

Quelle folie que de ne s'occuper que de cette vie qui s'écoule si rapidement et de penser si peu à celle qui ne finira jamais !

Le chrétien qui pense à l'Eternité en est-il plus malheureux ? Non, au contraire, il puise dans ces considérations des consolations pour les peines de la vie présente, des lumières qui lui montrent le néant des biens de ce monde et des espérances magnifiques pour l'avenir.

Donc si j'ai de la sagesse seulement comme un grain de séuevé, et si je comprends bien mes véritables intérêts, il faut que j'assure mon salut en vivant habituellement en état de grâce.

Il faut que je m'acquitte fidèlement de tous les devoirs que j'ai à remplir envers Dieu, envers le prochain et envers moi-même.

Il faut qu'à l'exemple des Saints, je m'approche régulièrement des Sacrements et que j'adopte quelques pratiques de dévotion qui sont d'un secours si puissant pour persévérer dans la vertu.

SCAPULAIRE DE LA PASSION.

Saint François de Sales a montré en très-peu de mots l'excellence des Confréries en général, quand il a dit : *Qu'on peut tout y gagner en y entrant, sans jamais y perdre.* Les confréries sont en effet pour les fidèles qui en font partie une source de grâces bien précieuses, pourvu qu'ils aient soin d'observer constamment les petites pratiques qu'on leur impose au jour de leur admission, sans les y obliger sous peine de péché.

Il existe plusieurs confréries dans l'Eglise catholique. Les plus anciennes comme celles du Très-Saint Sacrement, du Rosaire et de Notre-Dame du Mont-Carmel, ont plus de 600 ans d'existence. Comme les fruits opérés par les confréries ont été vraiment merveilleux, c'est pour cela que l'Eglise s'est plue à les approuver et à les enrichir de nombreuses indulgences.

Nous croyons servir la cause de la religion, en signalant à la piété des fidèles la *Confrérie du Scapulaire de la Passion* et la *Dévotion au Cœur agonisant de Jésus*, qui sont encore peu connues, par ce qu'elles sont d'une origine toute récente.

La Confrérie du *Scapulaire de la Passion* ne date que de l'année 1847. Elle a été instituée par S. S. Pie IX, à la suite de plusieurs apparitions dont le divin Sauveur a daigné favoriser une sœur de Saint Vincent-de-Paul et pendant lesquelles il lui a d'abord montré un scapulaire rouge représentant, d'un côté les instruments de la Passion, de l'autre, les sacrés Cœurs de Jésus et de Marie ; et puis il lui a fait entendre les paroles suivantes : *Tous ceux qui porteront ce Scapulaire recevront tous les vendredis la rémission de leurs péchés et une grande augmentation de Foi, d'Espérance et de Charité.*

Par le rescrit de sa fondation, Sa Sainteté accorde :

1° Tous les vendredis, indulgence de sept années et de sept quarantaines pour toutes les personnes qui, portant ce Scapulaire, feront la communion et réciteront cinq fois le *Pater*, l'*Ave* et le *Gloria Patri* en l'honneur de la Passion de Notre Seigneur.

2° Indulgence de trois ans et trois quarantaines pour les Associés qui, le cœur contrit, méditeront sur la Passion.

3° Indulgence de 200 jours à tous les fidèles qui, baisant avec componction le Scapulaire de la Passion, réciteront ce verset : *Nous vous supplions de sauver vos serviteurs que vous avez rachetés par votre précieux sang.*

Un nouveau rescrit du 21 mars 1848, accorde :

Une Indulgence plénière aux Associés du Scapulaire, qui, vraiment pénitents, s'étant confessés et ayant communié, méditeront chaque vendredi pendant quelque temps sur la Passion de Notre Seigneur, et prieront pour la paix entre les princes chrétiens, l'extirpation des hérésies et l'exaltation de l'Eglise.

Par un troisième rescrit en date du 13 septembre 1850 :

L'Indulgence plénière accordée chaque vendredi aux Membres de la Confrérie, est transférée au dimanche, pour ceux qui, par suite d'empêchements légitimes, ont dû renvoyer à ce jour leurs confession et communion (*).

(*) Voir pour plus de détails, le manuel du Scapulaire de la Passion (Paris, Adrien Leclère).

DÉVOTION AU CŒUR AGONISANT DE JÉSUS.

Cette dévotion a pour but : 1° D'honorer le Sacré-Cœur de Jésus endurant pendant toute sa vie, mais surtout durant sa passion, de grandes souffrances intérieures pour le salut des âmes ; 2° D'obtenir par les mérites de cette longue agonie, la grâce d'une bonne mort aux QUATRE-VINGT MILLE personnes environ qui expirent chaque jour dans le monde entier.

Prière.

O très-miséricordieux Jésus, rempli d'amour pour les âmes, je vous en supplie par l'agonie de votre Cœur très-saint et par les douleurs de Marie Immaculée votre sainte Mère, purifiez dans votre sang les pécheurs de toute la terre qui sont maintenant à l'agonie et qui doivent mourir en ce jour. Amen.

O Cœur de Jésus qui avez été en agonie, ayez pitié des mourants.

1° 100 jours d'Indulgence sont accordés chaque fois qu'on récite cette prière avec dévotion.

2° *Une Indulgence plénière* est accordée une fois chaque mois aux fidèles qui l'ayant récitée trois fois par jour durant ce temps, s'approcheront avec les dispositions convenables des Sacrements de Pénitence et d'Eucharistie.

(Rescrit du 2 février 1850, par S. S. Pie IX.

———

Table Alphabétique.

BIBLIOTHÈQUE IMPÉRIALE
IMPR.

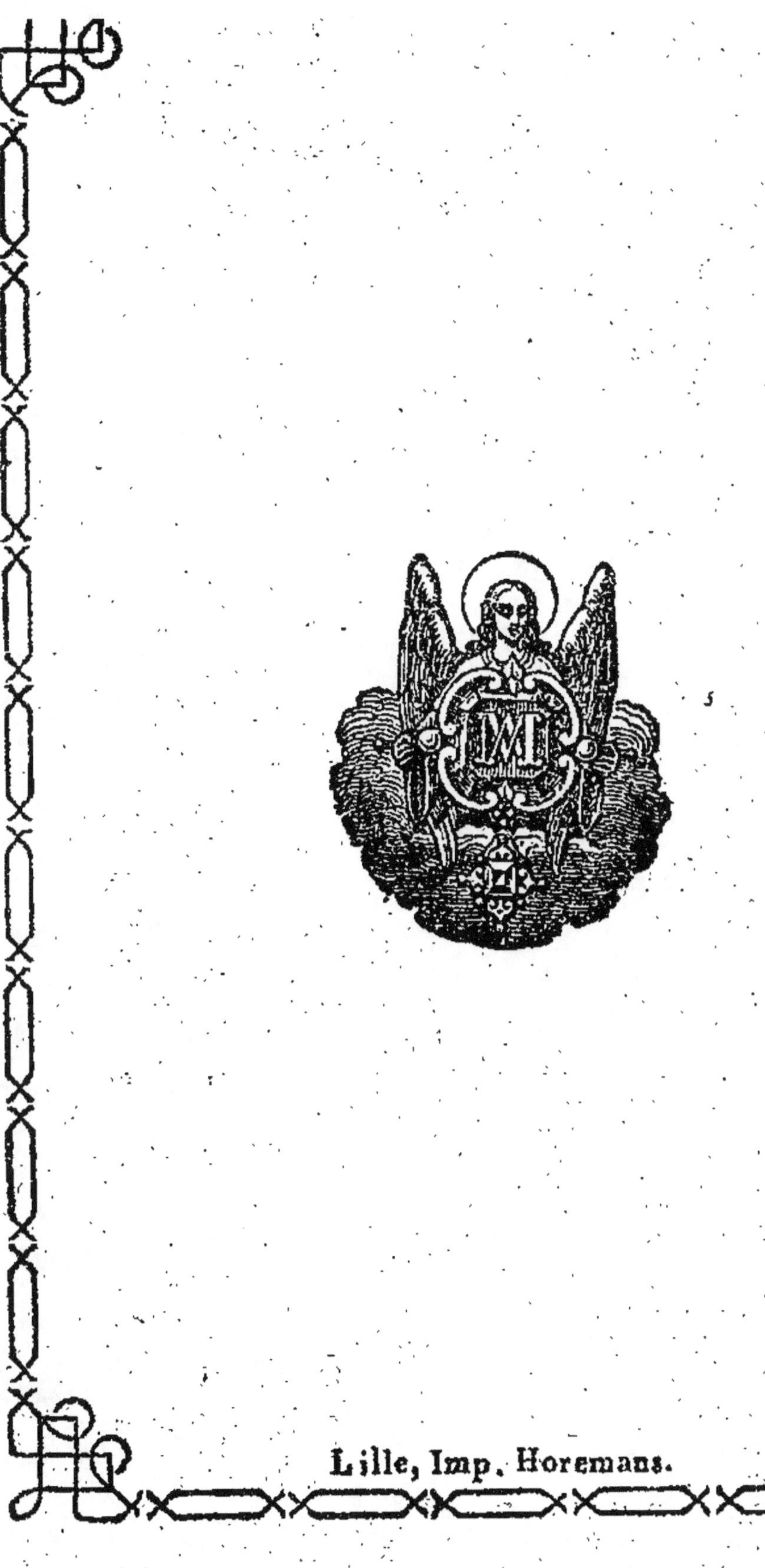

Lille, Imp. Horemans.

www.ingramcontent.com/pod-product-compliance
Lightning Source LLC
Chambersburg PA
CBHW051129050726
47594CB00003B/1018